그림으로 재미있게 익히는
일본어 가나 쓰기 노트

박재욱 지음
배유경 그림

정진출판사

머리말

　필자가 다년간 학교에서 학생들을 가르치며 느낀 점은 일본어에서 가장 중요한 것은 어려운 문장이나 문법이 아닌 히라가나 같은 기초적인 것이었습니다. 또한, 학생들이 가장 헷갈려 하는 것도 기초인 히라가나 50음도였습니다. 일본어에서 가장 기초인 히라가나 50음도는 우리나라 말과는 달리 그 수도 많고 모양도 비슷해 암기에 어려움을 겪는 학생들이 많습니다.

　그래서 필자는 학습자들이 어떻게 하면 기존의 교재보다 쉽고 재미있게 히라가나 50음도를 익힐 수 있을까 고민하다가 이 책을 집필하게 되었습니다.

　이 책의 특징은 다음과 같습니다.

1. 그림을 통해 우리말 발음과 연관 지어 일본어 가나를 쉽게 익힐 수 있습니다.
2. 쓰기 순서에 맞게 반복적으로 쓰기 연습을 할 수 있습니다.
3. 히라가나 오십음도에서 각 행과 관련된 단어를 익힐 수 있습니다.

　특히, 이 교재의 삽화는 배유경 학생의 도움으로 이루어졌으며, 부디 이 책이 일본어 기초에 어려움을 겪는 사람들에게 일본어와 친숙해지는 데 도움을 주어 일본어 실력 발전의 원동력이 되기를 바랍니다.

저자　박재욱

일본어의 문자

일본어를 표기하는 글자에는 히라가나(ひらがな)와 가타카나(カタカナ) 그리고 한자(漢字) 세 가지가 있습니다. 히라가나(ひらがな)는 한자의 초서체를 본떠서 만들었고, 가타카나(カタカナ)는 승려가 불교경전을 정확하게 읽는 방법을 나타내기 위하여 문장의 좌우행간 등에 써넣은 것으로 한자의 자획을 생략하거나 모방해서 만든 문자입니다.

❶ 히라가나

히라가나(ひらがな)는 처음에는 주로 여자들이 사용했으므로 여자 글자라 했는데, 현대 일본어에서는 인쇄·필기의 모든 경우에 사용되는 기본 문자입니다.

❷ 가타카나

가타카나(カタカナ)는 주로 외래어, 외국의 인명과 지명, 의성어와 의태어, 전보문, 동·식물명 등과 어떤 말을 강조하고자 할 때 쓰입니다.

❸ 한자

우리나라에서 한자와 한글을 혼용하여 쓰고 있듯이 일본에서도 한자와 일본어인 가나(かな)를 함께 쓰고 있습니다. 한자는 음을 따라 읽는 음독(音読み)과 일본 고유어에 한자의 뜻을 맞추어 읽는 훈독(訓読み)이 있습니다. 한자에 따라서는 음(音) 또는 훈(訓)만으로 읽는 방법, 2개 이상의 한자를 조립하여 새로운 숙어를 만들어 '音+音, 訓+訓, 音+訓, 訓+音' 등으로 읽는 방법이 다양합니다.

❹ 오십음도(五十音図)

히라가나(ひらがな)와 가타카나(カタカナ)를 합하여 가나(かな)라 부르고, 이것을 발음 체계에 따라서 5단(段), 10행(行)으로 배열한 것을 '오십음도(五十音図)'라고 합니다.

히라가나

ひらがな	あ단	い단	う단	え단	お단
あ행	あ a 아	い i 이	う u 우	え e 에	お o 오
か행	か ka 카	き ki 키	く ku 쿠	け ke 케	こ ko 코
さ행	さ sa 사	し shi 시	す su 스	せ se 세	そ so 소
た행	た ta 타	ち chi 치	つ tsu 츠	て te 테	と to 토
な행	な na 나	に ni 니	ぬ nu 누	ね ne 네	の no 노
は행	は ha 하	ひ hi 히	ふ hu 후	へ he 헤	ほ ho 호
ま행	ま ma 마	み mi 미	む mu 무	め me 메	も mo 모
や행	や ya 야		ゆ yu 유		よ yo 요
ら행	ら ra 라	り ri 리	る ru 루	れ re 레	ろ ro 로
わ행	わ wa 와				を o 오
	ん n 응				

학습자 여러분께 한 가지 당부드리고 싶은 말은 여기에 한글로 병기된 히라가나의 발음은 단지 참고로만 활용하시고, 정확한 발음은 홈페이지에 녹음된 일본 현지인의 「오십음도」 발음을 따라하면서 습득하시기 바랍니다.

あ 행

あ행은 일본어의 모음으로 발음은 우리말의 「아·이·우·에·오」와 같으나 う는 「우」와 「으」의 중간 음으로 입술을 앞으로 내밀지 않도록 합니다.

あ [a 아]	あ아야!	あ	あ あ あ
い [i 이]	い, 이건 피	い	い い い
う [u 우]	う우에엥!	う	う う う
え [e 에]	え에이, 뭘 그거 갖고 우냐?	え	え え え
お [o 오]	お오호, 넌 넘어져도 상관없단 말이지.	お	お お お

6 일본어 가나 쓰기 노트

あ행 단어로 익히기

あい
[사랑]

あ	い			

いえ
[집]

い	え			

うえ
[위]

う	え			

えき
[역]

え	き			

あお
[파랑]

あ	お			

か행

か행이 단어의 첫머리에 올 때는 「ㄱ」과 「ㅋ」의 중간 음에 가깝게, 단어의 중간이나 끝에 올 때는 「ㄲ」 쪽에 가깝게 발음되는 경우가 많습니다.

か [ka 카]
그 사람은 목소리가 **か**카랑카랑하고

き [ki 키]
き키도 크다고!

く [ku 쿠]
그를 위해 **く**쿠키와 **け**케이크를 구워 봤어.

け [ke 케]

こ [ko 코]
아, 그런데 **こ**코에서 콧물이! 꺄아아악!

か행 단어로 익히기

카 오
かお
[얼굴]

か	お			

키
き
[나무]

き				

키 꾸
きく
[국화]

き	く			

이 께
い**け**
[연못]

い	け			

코 이
こい
[잉어]

こ	い			

さ행

さ행의 발음은 우리말의 「사・시・스・세・소」와 유사하나, 「す」는 「수」와 「스」의 중간 음으로 「수」보다는 「스」에 가깝게 발음됩니다.

さ [sa 사]

し [shi 시]

す [su 스]

せ [se 세]

そ [so 소]

さ행 단어로 익히기

카 사
か さ
[우산]

か	さ				

아 시
あ し
[다리]

あ	し				

스 시
す し
[초밥]

す	し				

아 세
あ せ
[땀]

あ	せ				

우 소
う そ
[거짓말]

う	そ				

た행

단어의 첫머리에 「た・て・と」가 올 때는 우리말의 「다・데・도」보다는 세게, 「타・테・토」보다는 약하게 발음하며, 단어의 중간이나 끝에 올 때는 「따・떼・또」에 가깝게 발음합니다. 「ち」는 「찌」와 「치」의 중간 음에 가깝게, 「つ」는 혀끝을 잇몸에 가볍게 터치하면서 「츠」보다 약하게 발음합니다.

た [ta 타]		た た た
ち [chi 치]		ち ち ち
つ [tsu 츠]		つ つ つ
て [te 테]		て て て
と [to 토]		と と と

12 일본어 가나 쓰기 노트

た행 단어로 익히기

타 꼬
たこ
[문어]

た	こ			

치 찌
ちち
[아빠]

ち	ち			

츠 꾸에
つくえ
[책상]

つ	く	え		

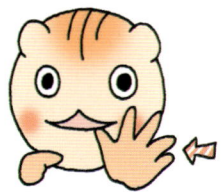 
테
て
[손]

て				

토 께 -
とけい
[시계]

と	け	い		

な 행

な행은 우리말의 「나・니・누・네・노」와 거의 같은 발음을 하면 됩니다.

な [na 나]		な	な な な
に [ni 니]		に	に に に
ぬ [nu 누]		ぬ	ぬ ぬ ぬ
ね [ne 네]		ね	ね ね ね
の [no 노]		の	の の の

な행 단어로 익히기

나 스
なす
[가지]

な	す			

오 니
お**に**
[도깨비]

お	に			

이 누
い**ぬ**
[개]

い	ぬ			

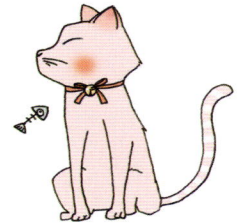 
네 꼬
ねこ
[고양이]

ね	こ			

키 노 꼬
き**の**こ
[버섯]

き	の	こ		

は 행

は행은「하·히·후·헤·호」와 거의 같은 발음이지만「ふ」는「후」와「흐」의 중간 음으로 촛불을 불어서 끌 때 내는 소리와 유사하며 입술을 둥글게 앞으로 내밀지 않도록 합니다.「は」는 조사(~은/~는)로 쓰일 때 [wa]로 발음하고,「へ」는 조사(~에/~으로)로 쓰일 때 [e]로 발음합니다.

は [ha 하]

ひ [hi 히]

ふ [hu 후]

へ [he 헤]

ほ [ho 호]

は행 단어로 익히기

하 나
はな
[꽃]

は	な			

히 꼬 — 끼
ひこうき
[비행기]

ひ	こ	う	き	

후 네
ふね
[배]

ふ	ね			

헤 소
へそ
[배꼽]

へ	そ			

호 시
ほし
[별]

ほ	し			

히라가나

ま 행

ま행은 우리말의 「마·미·무·메·모」와 거의 같은 발음이나 「む」는 「무」와 「므」의 중간 음에 가깝습니다. 이때 입술을 앞으로 둥글게 내밀지 않도록 합니다.

ま [ma 마]	이거 병**ま**마개 어디 갔어? 음...	ま	ま ま ま
み [mi 미]	아까 내 손에서 **み**미끄러졌는데...	み	み み み
む [mu 무]	**む**무심코 발로 걸어차서	む	む む む
め [me 메]	침대 **め**매트리스 밑으로... ?!	め	め め め
も [mo 모]	**も**모르겠는데? 진짜?	も	も も も

18 일본어 가나 쓰기 노트

ま행 단어로 익히기

くま
[곰]

く	ま			

みみ
[귀]

み	み			

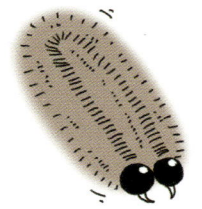 
むし
[벌레]

む	し			

め
[눈]

め				

もも
[복숭아]

も	も			

 행

や행의 발음은 우리말의 「야·유·요」와 거의 같으며 「や·ゆ·よ」는 わ와 함께 일본어의 반모음에 해당됩니다. 「ゆ·よ」를 발음할 때는 지나치게 입술을 내밀지 않도록 합니다.

や [ya 야]				
ゆ [yu 유]				
よ [yo 요]				

や행 단어로 익히기

や ま
[산]

や	ま			

ゆ き
[눈]

ゆ	き			

よ る
[밤]

よ	る			

ら 행

ら행의 발음은 우리말의 「라·리·루·레·로」와 거의 같으나, 「る」는 「루」와 「르」의 중간 음에 가깝습니다.

ら [ra 라]	ら라면 끓여 줄까? / 응!	ら	ら	ら	ら
り [ri 리]	오늘은 내가 요리사…	り	り	り	り
る [ru 루]	る루루루~ ♪♪♪	る	る	る	る
れ [re 레]	싱거운데 카레레를 넣어볼까?	れ	れ	れ	れ
ろ [ro 로]	우-웩- / 이걸 ろ로… 날 죽일 셈이야? / 미안	ろ	ろ	ろ	ろ

ら행 단어로 익히기

 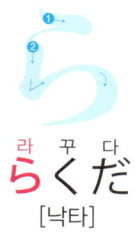

らくだ [낙타]

ら	く	だ		

くすり [약]

く	す	り		

るす [부재중]

る	す			

れいぞうこ [냉장고]

れ	い	ぞ	う	こ

ろうそく [양초]

ろ	う	そ	く	

わ 행

わ행 · ん

「わ」의 발음은 우리말의 「와」와 같으며, 「を」는 「お」와 발음이 같지만 목적격 조사(~을, ~를)로만 쓰입니다. 「ん」은 일본어에서 받침으로 쓰이는 음으로, 기본적으로 「응」으로 읽습니다.

わ [wa 와]

を [o 오]

ん [n 응]

わ행 · ん 단어로 익히기

와 니
わに
[악어]

わ	に			

테 오 아 라 우
て**を**あらう
[손을 씻다]

て	を	あ	ら	う

후 똥
ふと**ん**
[이불]

ふ	と	ん		

혼동하기 쉬운 히라가나 퀴즈

※ 다음 빈칸에 들어갈 알맞은 문자와 연결하세요.

(1) ☐い・　　　　　・お

(2) ☐に・　　　　　・あ

(3) ☐え・　　　　　・い

(4) くす☐・　　　　・り

(5) ☐こ・　　　　　・な

(6) ☐す・　　　　　・た

정답
(1) あい　(2) おに　(3) いえ　(4) くすり　(5) たこ　(6) なす

정답
(7) いぬ (8) め (9) はな (10) ほし (11) るす (12) ろうそく

탁음(濁音) だくおん

탁음이란 성대의 울림이 섞여 탁한 소리가 나는 음을 말합니다. 일본어의 음을 가나(かな)로 표기했을 때 탁점「゛」이 붙는 음으로,「か・さ・た・は」행 오른쪽 위에 점 2개(゛)를 찍어「が・ざ・だ・ば」행으로 표기합니다. 현재 표준어에서는「じ」와「ぢ」,「ず」와「づ」의 발음은 같으며 탁음은 전부 유성음입니다.

が	ぎ	ぐ	げ	ご
ga 가	gi 기	gu 구	ge 게	go 고
ざ	じ	ず	ぜ	ぞ
za 자	ji 지	zu 즈	ze 제	zo 조
だ	ぢ	づ	で	ど
da 다	ji 지	zu 즈	de 데	do 도
ば	び	ぶ	べ	ぼ
ba 바	bi 비	bu 부	be 베	bo 보

반탁음(半濁音) はんだくおん

탁음보다 덜 탁한 소리를 내는 글자들로, 일본어의 음을 가나(かな)로 표기했을 때 반탁점「゜」이 붙는 음입니다. ぱ행 음을 말합니다.

ぱ	ぴ	ぷ	ぺ	ぽ
pa 파	pi 피	pu 푸	pe 페	po 포

が행

が행은 「か·き·く·け·こ」에 탁점을 붙인 것으로 우리말의 「가·기·구·게·고」와 비슷한 발음이나, 우리말 첫 음절에 올 때의 발음이 아니라 「아가」의 「가」, 「고기」의 「기」와 같이 성대를 울려서 발음합니다. 단 が행이 단어 중간이나 끝에 올 때에는 콧소리에 가깝게 발음합니다.

が행 단어로 익히기

めがね

めがね [안경]

ぎんこう

ぎんこう [은행]

どんぐり

どんぐり [도토리]

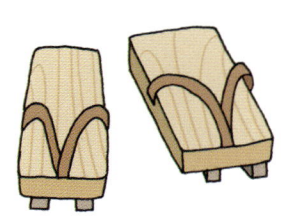

げた

げた [나막신]

いちご

いちご [딸기]

ざ 행

ざ행의 발음은 우리말 「자·지·즈·제·조」와 비슷하게 들리는 듯하지만, 실제로는 우리말에 없는 발음입니다. 목의 성대를 울려서 발음합니다.

ざ행 단어로 익히기

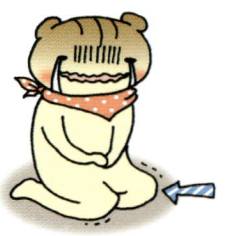

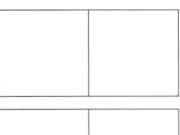

ひざ [무릎]

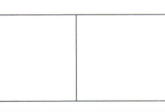

にじ [무지개]

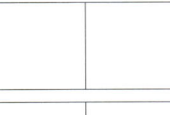

ちず [지도]

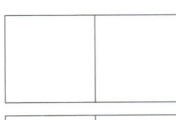

かぜ [바람]

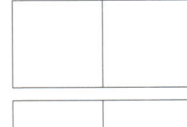
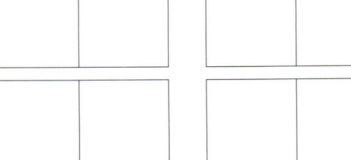

ぞう [코끼리]

だ 행

だ행의 「だ・で・ど」는 입천장 앞쪽을 혀끝으로 가볍게 터치하면서 발음합니다. 「ぢ・づ」는 「じ・ず」와 동일하게 발음합니다.

だ행 단어로 익히기

ひだり [왼쪽]

はなぢ [코피]

こづつみ [소포]

ふで [붓]

まど [창문]

ば행

ば행의 발음은 우리말 「바·비·부·베·보」와 비슷합니다. 단, 「ぶ」는 「부」와 「브」의 중간 음에 가깝게 발음합니다.

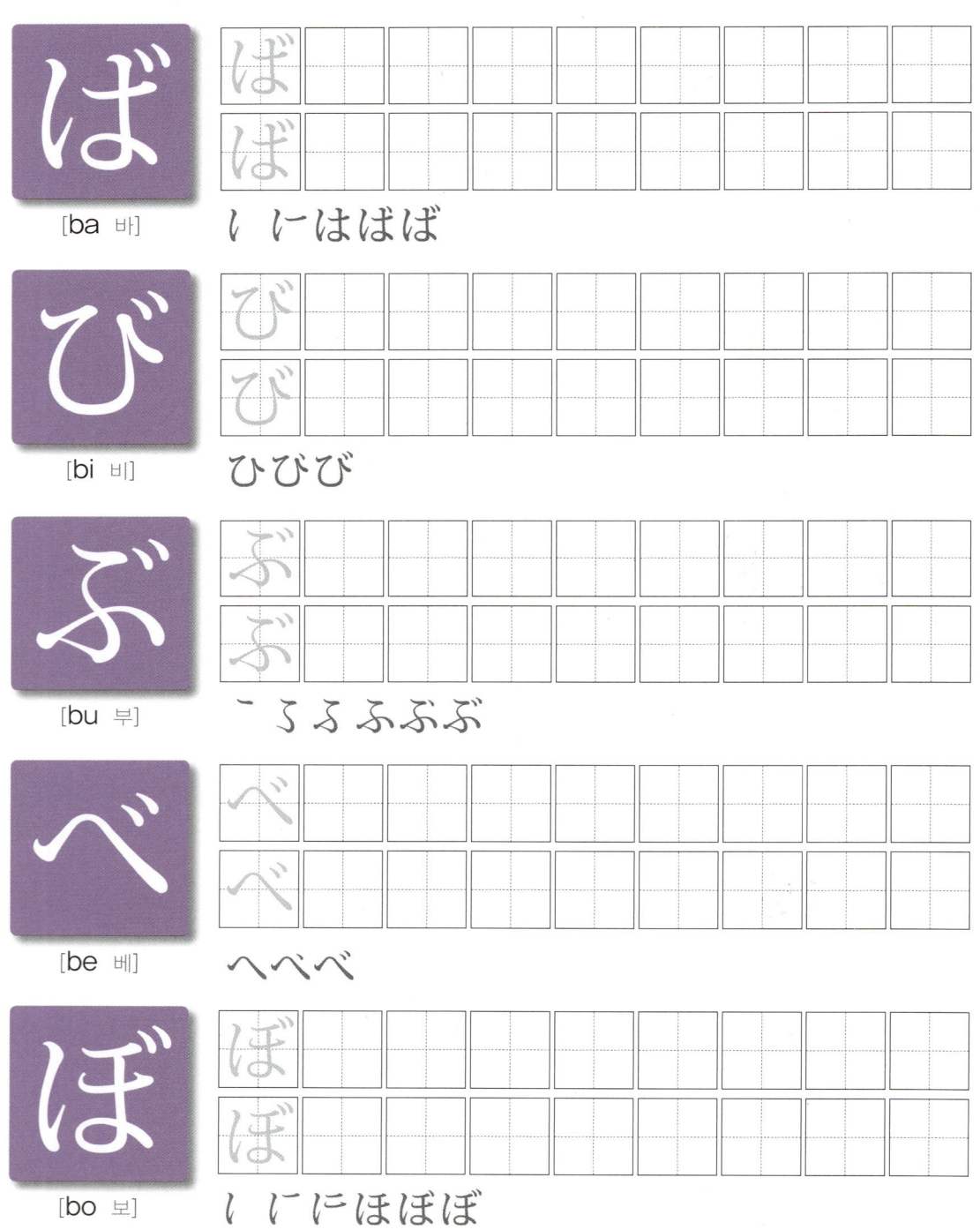

[ba 바]
ー ト は ば ば

[bi 비]
ひ び び

[bu 부]
` フ ふ ふ ぶ ぶ

[be 베]
へ べ べ

[bo 보]
ー ト に ほ ぼ ぼ

ば행 단어로 익히기

ばら [장미]

ゆびわ [반지]

ぶどう [포도]

べんとう [도시락]

ぼうし [모자]

ぱ 행

우리말의 「파·피·푸·페·포」와 「빠·삐·뿌·뻬·뽀」의 중간 음에 가깝습니다. 반탁음은 ぱ행밖에 없습니다.

ぱ [pa 파]
ヽ ← は ぱ

ぴ [pi 피]
ひ ぴ

ぷ [pu 푸]
｀ ふ ふ ぷ

ぺ [pe 페]
へ ぺ

ぽ [po 포]
ヽ ← ← ほ ぽ

ぱ행 단어로 익히기

캄 빠 이
かんぱい [건배]

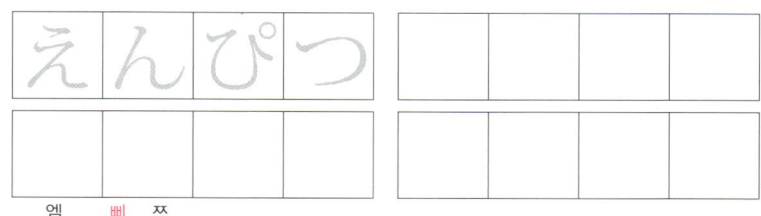

엠 삐 쯔
えんぴつ [연필]

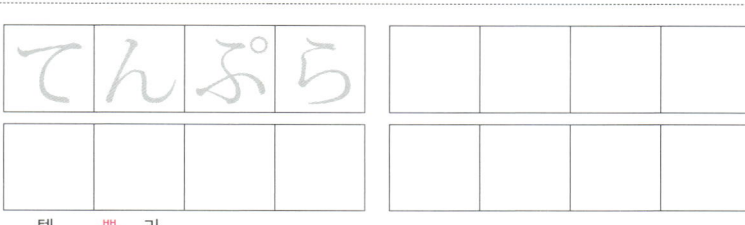

템 뿌 라
てんぷら [튀김]

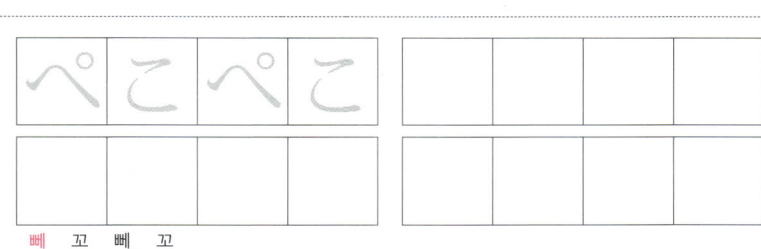

뻬 꼬 뻬 꼬
ぺこぺこ [배가 고픈 모양]

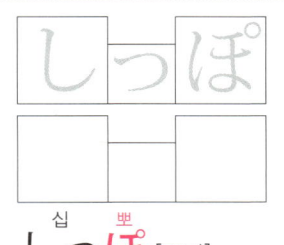
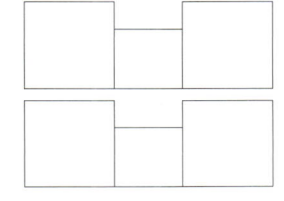

십 뽀
しっぽ [꼬리]

요음(拗音) ようおん

い를 제외한 い단(き・し・ち・に・ひ・み・り 및 ぎ・じ・び・ぴ) 글자의 오른쪽 아래에 「や・ゆ・よ」를 작게 써서 표기합니다. 합쳐서 1박자의 길이를 갖습니다.

きゃ kya 캬	きゅ kyu 큐	きょ kyo 쿄	ぎゃ gya 갸	ぎゅ gyu 규	ぎょ gyo 교
しゃ sya 샤	しゅ syu 슈	しょ syo 쇼	じゃ ja 쟈	じゅ ju 쥬	じょ jo 죠
ちゃ cha 챠	ちゅ chu 츄	ちょ cho 쵸			
にゃ nya 냐	にゅ nyu 뉴	にょ nyo 뇨			
ひゃ hya 햐	ひゅ hyu 휴	ひょ hyo 효	びゃ bya 뱌	びゅ byu 뷰	びょ byo 뵤
			ぴゃ pya 퍄	ぴゅ pyu 퓨	ぴょ pyo 표
みゃ mya 먀	みゅ myu 뮤	みょ myo 묘			
りゃ rya 랴	りゅ ryu 류	りょ ryo 료			

촉음(促音、つまる)
そくおん

「つ」를 작게 써서(っ) 약간 막히는 듯한 발음을 하며, 뒤에 오는 자음과 같은 음으로 발음되고, 1박자의 길이를 갖습니다.

```
っ
```

① 「か」행 앞에서 → [k](ㄱ)

　　がっこう [gakko: 각꼬-] 학교
　　にっき [nikki 닉끼] 일기

② 「さ」행 앞에서 → [s](ㅅ)

　　けっせき [kesseki 켓세끼] 결석
　　ざっし [zasshi 잣시] 잡지

③ 「た」행 앞에서 → [t](ㄷ)

　　きって [kitte 킷떼] 우표
　　よかった [yokatta 요깐따] 좋았다, 다행이다

④ 「ぱ」행 앞에서 → [p](ㅂ)

　　いっぱい [ippai 입빠이] 가득
　　きっぷ [kippu 킵뿌] 표

히라가나 41

요음 きゃ・ぎゃ

きゃ 우리말의 「캬・큐・쿄」와 「꺄・뀨・꾜」의 중간 음으로 발음되는데, 단어의 첫머리에 올 때는 「ㅋ」에 가깝게, 단어의 중간이나 끝에 올 때는 「ㄲ」에 가깝게 발음합니다.

ぎゃ 우리말의 「갸・규・교」와 비슷한 음이나 목의 성대를 울려서 내는 발음입니다.

きゃ [kya 캬]

きゅ [kyu 큐]

きょ [kyo 쿄]

ぎゃ [gya 갸]

ぎゅ [gyu 규]

ぎょ [gyo 교]

しゃ · じゃ

しゃ 우리말의 「샤·슈·쇼」와 거의 같은 발음입니다.

じゃ 우리말의 「쟈·쥬·죠」와 비슷한 음이나 목의 성대를 울려서 내는 발음입니다.

요음 ちゃ・にゃ

ちゃ 우리말의 「챠・츄・쵸」와 「쨔・쮸・쬬」의 중간쯤 되는 발음입니다.

にゃ 우리말의 「냐・뉴・뇨」와 거의 같은 발음입니다.

ちゃ [cha 챠]

ちゅ [chu 츄]

ちょ [cho 쵸]

にゃ [nya 냐]

にゅ [nyu 뉴]

にょ [nyo 뇨]

ひゃ・びゃ

ひゃ 우리말의 「햐・휴・효」와 거의 같은 발음입니다.

びゃ 우리말의 「뱌・뷰・뵤」와 비슷한 음이나 목의 성대를 울려서 내는 발음입니다.

요음 ぴゃ・みゃ

ぴゃ 우리말의 「파・퓨・표」와 「빠・뿌・뽀」의 중간쯤 되는 발음입니다.
みゃ 우리말의 「먀・뮤・묘」와 거의 같은 발음입니다.

りゃ

りゃ 우리말의 「랴·류·료」와 거의 같은 발음입니다.

りゃ [rya 랴]

りゅ [ryu 류]

りょ [ryo 료]

요음/단어로 익히기

	きゅうり	
きゅうり [오이]		
	きんぎょ	
きんぎょ [금붕어]		
	にんぎょう	
にんぎょう [인형]		
	ぎゅうにゅう	
ぎゅうにゅう [우유]		
	いしゃ	
いしゃ [의사]		

요음/단어로 익히기

쟈 가 이 모 **じゃ**がいも [감자]	じゃがいも	
토 쇼 깐 と**しょ**かん [도서관]	としょかん	
오 쨔 お**ちゃ** [차]	おちゃ	
츄 - 고 꾸 **ちゅ**うごく [중국]	ちゅうごく	
뉴 - 가 꾸 **にゅ**うがく [입학]	にゅうがく	

요음/단어로 익히기

ひゃく [100]	ひゃく	
さんびゃく [300]	さんびゃく	
はっぴゃく [800]	はっぴゃく	
びょういん [병원]	びょういん	
りょうり [요리]	りょうり	

촉음 / 단어로 익히기

がっこう [학교] 각 꼬 ―	がっこう	
にっき [일기] 닉 끼	にっき	
ざっし [잡지] 잣 시	ざっし	
きって [우표] 킷 떼	きって	
いっぱい [가득] 입 빠 이	いっぱい	

발음(撥音、はねる音)

일본어의 음을 가나로 표기했을 때 「ん」으로 나타내는 음입니다. 우리말의 받침 역할을 하며 뒤에 오는 음의 영향을 받아 각기 [m/n/ŋ/N]으로 발음됩니다. 모음을 동반하지 않는 비음으로 어두와 촉음, 발음의 뒤에는 오지 않습니다. 1박으로 발음하며 단독으로는 사용되지 않습니다.

ん

① 「ま・ば・ぱ」행 앞에서 → [m(ㅁ)]

    てんぷら [tempura 템뿌라] 튀김요리
    さんぽ [sampo 삼뽀] 산책

② 「さ・ざ・た・だ・な・ら」행 앞에서 → [n(ㄴ)]

    べんとう [bentou 벤또ー] 도시락
    おんな [onna 온나] 여자

③ 「か・が」행 앞에서 → [ŋ(ㅇ)]

    かんこく [kaŋkoku 캉꼬꾸] 한국
    おんがく [oŋgaku 옹가꾸] 음악

④ 「あ・は・や・わ」행 앞과 단어의 끝에 올 때 → [N(ㄴ과 ㅇ의 중간 음)]

    ほんや [hoNya 홍야] 서점
    でんわ [deNwa 뎅와] 전화

장음(長音)

일본어의 음을 가나로 표기할 때 「ー」로 표시되는 음으로, 바로 앞 음절의 입 모양 그대로 발음합니다. 장음 하나는 1박으로 세며 단독으로는 사용되지 않습니다.

① あ단+あ [a:]

　　おばあさん[oba:saN 오바-상] 할머니
　　おかあさん[oka:saN 오까-상] 어머니

② い단+い [i:]

　　おじいさん[oji:saN 오지-상] 할아버지
　　おにいさん[oni:saN 오니-상] 형, 오빠

③ う단+う [u:]

　　すうがく[su:gaku 스-가꾸] 수학
　　ふうふ[hu:hu 후-후] 부부

④ え단+え 또는 え단+い [e:]

　　おねえさん[one:saN 오네-상] 언니, 누나
　　せんせい[sense: 센세-] 선생님

⑤ お단+お 또는 お단+う [o:]

　　おおい[o:i 오-이] 많다
　　おとうさん[oto:saN 오또-상] 아버지

⑥ カタカナ의 장음은 「ー」로 나타낸다.

　　サービス[sa:bisu 사-비스] 서비스
　　アイスクリーム[aisukuri:mu 아이스꾸리-무] 아이스크림

히라가나　53

발음 / 단어로 익히기

さ삼ん뽀ぽ [산책]	さんぽ	
お온ん나な [여자]	おんな	
お옹ん가がく꾸 [음악]	おんがく	
ほ홍ん야や [서점]	ほんや	
う우どん동 [우동]	うどん	

장음 / 단어로 익히기

오 바 — 상 お**ば**あさん [할머니]	おばあさん	
오 까 — 상 お**か**あさん [어머니]	おかあさん	
오 지 — 상 お**じ**いさん [할아버지]	おじいさん	
스 — 가 꾸 **す**うがく [수학]	すうがく	
오 네 — 상 お**ね**えさん [언니, 누나]	おねえさん	

장음 / 단어로 익히기

	せんせい	
せんせい [선생님] 센 세-		
おおい [많다] 오- 이	おおい	
おとうさん [아버지] 오 또- 상	おとうさん	
こうこう [고등학교] 코- 꼬-	こうこう	
アイスクリーム [아이스크림] 아 이 스 꾸 리- 무	アイスクリーム	

가타카나

カタカナ					
	ア단	イ단	ウ단	エ단	オ단
ア행	ア a 아	イ i 이	ウ u 우	エ e 에	オ o 오
カ행	カ ka 카	キ ki 키	ク ku 쿠	ケ ke 케	コ ko 코
サ행	サ sa 사	シ shi 시	ス su 스	セ se 세	ソ so 소
タ행	タ ta 타	チ chi 치	ツ tsu 츠	テ te 테	ト to 토
ナ행	ナ na 나	ニ ni 니	ヌ nu 누	ネ ne 네	ノ no 노
ハ행	ハ ha 하	ヒ hi 히	フ hu 후	ヘ he 헤	ホ ho 호
マ행	マ ma 마	ミ mi 미	ム mu 무	メ me 메	モ mo 모
ヤ행	ヤ ya 야		ユ yu 유		ヨ yo 요
ラ행	ラ ra 라	リ ri 리	ル ru 루	レ re 레	ロ ro 로
ワ행	ワ wa 와				ヲ o 오
	ン n 응				

ア행

ア행의 발음은 우리말의 「아·이·우·에·오」와 같으나 ウ는 「우」와 「으」의 중간 음으로 입술을 앞으로 내밀지 않도록 합니다.

ア [a 아]		ア	ア ア ア	
イ [i 이]		イ	イ イ イ	
ウ [u 우]		ウ	ウ ウ ウ	
エ [e 에]		エ	エ エ エ	
オ [o 오]		オ	オ オ オ	

58 일본어 가나 쓰기 노트

ア행 단어로 익히기

아 이 스 꾸 리 ― 무
アイスクリーム
[아이스크림]

ア	イ	ス	ク	リ	ー
ム					

이 기 리 스
イギリス
[영국]

イ	ギ	リ	ス		

우 잉 꾸
ウインク
[윙크]

ウ	イ	ン	ク		

에 뿌 롱
エプロン
[앞치마]

エ	プ	ロ	ン		

오 ― 또 바 이
オートバイ
[오토바이]

オ	ー	ト	バ	イ	

カ 행

カ행이 단어의 첫머리에 올 때는 「ㄱ」과 「ㅋ」의 중간 음에 가깝게, 단어의 중간이나 끝에 올 때는 「ㄲ」 쪽에 가깝게 발음되는 경우가 많습니다.

| カ [ka 카] |
| キ [ki 키] |
| ク [ku 쿠] |
| ケ [ke 케] |
| コ [ko 코] |

60 일본어 가나 쓰기 노트

カ행 단어로 익히기

카 메 라
カメラ
[카메라]

カ	メ	ラ		

키 ―
キー
[열쇠]

キ	ー			

쿠 리 스 마 스
クリスマス
[크리스마스]

ク	リ	ス	マ	ス

케 ― 끼
ケーキ
[케이크]

ケ	ー	キ		

코 ― 히 ―
コーヒー
[커피]

コ	ー	ヒ	ー	

サ행

サ행의 발음은 우리말의 「사·시·스·세·소」와 유사하나, 「ス」는 「수」와 「스」의 중간 음으로 「수」보다는 「스」에 가깝게 발음됩니다.

サ [sa 사]	サ사실 나 고백할게 있어.	サ	サ サ サ
シ [shi 시]	シ시덥잖은 소리 하면 안 된다.	シ	シ シ シ
ス [su 스]	나 ス슈퍼맨이야.	ス	ス ス ス
セ [se 세]	セ세계평화 내가 지키고 있지.	セ	セ セ セ
ソ [so 소]	난 고단한 슈퍼맨~ 거기 병원이죠? 친구가 ソ소설을 너무 보더니~	ソ	ソ ソ ソ

サ행 단어로 익히기

사 라 다
サラダ
[샐러드]

サ	ラ	ダ		

시 ― 소 ―
シーソー
[시소]

シ	ー	ソ	ー	

스 끼 ―
スキー
[스키]

ス	キ	ー		

세 ― 따 ―
セーター
[스웨터]

セ	ー	タ	ー	

소 우 루
ソウル
[서울]

ソ	ウ	ル		

タ행

단어의 첫머리에 「タ・テ・ト」가 올 때는 우리말의 「다・데・도」보다는 세게, 「타・테・토」보다는 약하게 발음하며, 단어의 중간이나 끝에 올 때는 「따・떼・또」에 가깝게 발음합니다. 「チ」는 「찌」와 「치」의 중간 음에 가깝게, 「ツ」는 혀끝을 잇몸에 가볍게 터치하면서 「츠」보다 약하게 발음합니다.

タ [ta 타]
タ타이트한 블라우스

チ [chi 치]
로맨틱한 チ치마

ツ [tsu 츠]
거기에 부ツ츠까지 신으면

テ [te 테]
이젠 나도 패션 리더~
패션 テ테러리스트겠지.

ト [to 토]
내 패션에 ト토 달지 마.

タ행 단어로 익히기

타 꾸 시 ー
タクシー
[택시]

タ	ク	シ	ー	

치 ー 즈
チーズ
[치즈]

チ	ー	ズ		

샤 츠
シャ**ツ**
[셔츠]

シ	ャ	ツ		

테 니 스
テニス
[테니스]

テ	ニ	ス		

토 마 토
トマト
[토마토]

ト	マ	ト		

가타카나

ナ행

ナ행은 우리말의 「나·니·누·네·노」와 거의 같은 발음을 하면 됩니다.

ナ [na 나]	자, 어떻게 ナ나누면 공평할까?	ナ	ナ ナ ナ
ニ [ni 니]	공평해 보이냐? / 아ニ니.	ニ	ニ ニ ニ
ヌ [nu 누]	나 ヌ누기 싫으면 말던가. / 어허, 왜 그래.	ヌ	ヌ ヌ ヌ
ネ [ne 네]	싫다면서… / ネ내가 언제 그런 말을 했니?	ネ	ネ ネ ネ
ノ [no 노]	잠시 후 / ノ노랭이…	ノ	ノ ノ ノ

ナ행 단어로 익히기

バナナ
[바나나]

バ	ナ	ナ		

 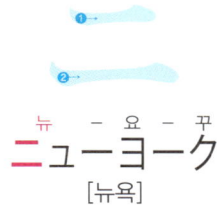

ニューヨーク
[뉴욕]

ニ	ュ	ー	ヨ	ー	ク

カヌー
[카누]

カ	ヌ	ー		

ネクタイ
[넥타이]

ネ	ク	タ	イ	

ノート
[노트]

ノ	ー	ト		

ハ행

ハ행은 「하・히・후・헤・호」와 거의 같은 발음이지만 「フ」는 「후」와 「흐」의 중간 음으로 촛불을 불어서 끌 때 내는 소리와 유사하며 입술을 둥글게 앞으로 내밀지 않도록 합니다.

| ハ [ha 하] |
| ヒ [hi 히] |
| フ [hu 후] |
| ヘ [he 헤] |
| ホ [ho 호] |

68 일본어 가나 쓰기 노트

ハ행 단어로 익히기

한 도 박 꾸
ハンドバック
[핸드백]

ハ	ン	ド	バ	ッ	ク

히 ー 루
ヒール
[힐]

ヒ	ー	ル			

후 라 이 빤
フライパン
[후라이팬]

フ	ラ	イ	パ	ン	

헤 리 꼬 뿌 따 ー
ヘリコプター
[헬리콥터]

ヘ	リ	コ	プ	タ	ー

호 떼 루
ホテル
[호텔]

ホ	テ	ル			

マ행

マ행은 우리말의 「마·미·무·메·모」와 거의 같은 발음이나 「ム」는 「무」와 「므」의 중간 음에 가깝습니다. 이때 입술을 앞으로 둥글게 내밀지 않도록 합니다.

マ [ma 마]	널 위해 マ마늘 주스를 준비했어. 음…	マ	マ マ マ
ミ [mi 미]	ミ미안해 난… 별로.	ミ	ミ ミ ミ
ム [mu 무]	ム무슨 이유라도… 알았어. 먹을게.	ム	ム ム ム
メ [me 메]	メ매워. ?	メ	メ メ メ
モ [mo 모]	モ모자라면 더 줄까? 맛있네! 아니! 몰래 버리자.	モ	モ モ モ

マ행 단어로 익히기

마 스 꾸
マスク
[마스크]

マ	ス	ク		

미 사 이 루
ミサイル
[미사일]

ミ	サ	イ	ル	

가 무
ガム
[껌]

ガ	ム			

메 론
メロン
[메론]

メ	ロ	ン		

메 모
メモ
[메모]

メ	モ			

 **행**

ヤ행의 발음은 우리말의 「야・유・요」와 거의 같으며, 「ヤ・ユ・ヨ」는 ワ와 함께 일본어의 반모음에 해당됩니다. 「ユ・ヨ」를 발음할 때는 지나치게 입술을 내밀지 않도록 합니다.

ヤ [ya 야]		ヤ	ヤ	ヤ	ヤ
ユ [yu 유]		ユ	ユ	ユ	ユ
ヨ [yo 요]		ヨ	ヨ	ヨ	ヨ

ヤ행 단어로 익히기

イヤリング
[귀고리]

イ	ヤ	リ	ン	グ

ユーターン
[유턴]

ユ	ー	タ	ー	ン

ヨット
[요트]

ヨ	ッ	ト		

ラ 행

ラ행의 발음은 우리말의 「라·리·루·레·로」와 거의 같으나, 「ル」는 「루」와 「르」의 중간 음에 가깝습니다.

ラ [ra 라]	콜ラ라 그만 마셔!!	ラ	ラ ラ ラ
リ [ri 리]	정リ리 정돈 좀 해!	リ	リ リ リ
ル [ru 루]	골고ル루 먹고…	ル	ル ル ル
レ [re 레]	게임 오レ래 하지 말고.	レ	レ レ レ
ロ [ro 로]	그리고 음… / 그만! 잔소리는 이걸ロ로 충분해.	ロ	ロ ロ ロ

ラ행 단어로 익히기

라 이 온
ライオン
[사자]

| ラ | イ | オ | ン | | |

리 스
リス
[다람쥐]

| リ | ス | | | | |

타 오 루
タオ**ル**
[타월]

| タ | オ | ル | | | |

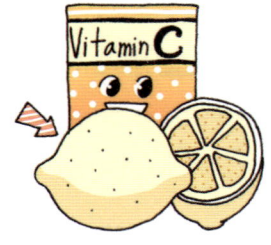 

레 몬
レモン
[레몬]

| レ | モ | ン | | | |

로 봇 또
ロボット
[로봇]

| ロ | ボ | ッ | ト | | |

ワ행 · ン

「ワ」의 발음은 우리말의 「와」와 같으며, 「ヲ」는 「オ」와 발음이 같습니다. 「ン」은 기본적으로 「응」으로 읽습니다.

ワ [wa 와]		ワ	ワ	ワ	ワ
ヲ [o 오]		ヲ	ヲ	ヲ	ヲ
ン [n 응]		ン	ン	ン	ン

ワ행·ン 단어로 익히기

와 인
ワイン
[와인]

ワ	イ	ン		

[예문 없음]

ヲ				

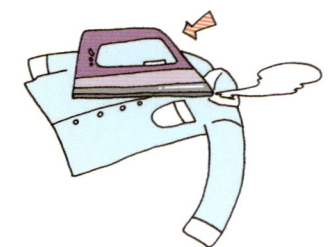

아 이 롱
アイロン
[다리미]

ア	イ	ロ	ン	

가타카나 77

혼동하기 쉬운 가타카나 퀴즈

※ 다음 빈칸에 들어갈 알맞은 문자와 연결하세요.

(1) ☐インク •　　　　　•ウ

(2) ☐イン •　　　　　•ワ

(3) ☐ーズ •　　　　　•チ

(4) ☐ニス •　　　　　•テ

(5) ☐ーヒー •　　　　　•ユ

(6) ☐ーターン •　　　　　•コ

정답
(1) ウインク　(2) ワイン　(3) チーズ　(4) テニス　(5) コーヒー
(6) ユーターン

(7) ☐ーソー・　　・ツ

(8) シャ☐・　　・シ

(9) ☐キー・　　・ス

(10) カ☐ー・　　・ヌ

(11) アイロ☐・　　・ン

(12) ☐ウル・　　・ソ

정답
(7) シーソー　(8) シャツ　(9) スキー　(10) カヌー　(11) アイロン
(12) ソウル

ガ행 탁음

ガ행은 「カ・キ・ク・ケ・コ」에 탁점을 붙인 것으로 우리말의 「가・기・구・게・고」와 비슷한 발음이나, 우리말 첫 음절에 올 때의 발음이 아니라 「아가」의 「가」, 「고기」의 「기」와 같이 성대를 울려서 발음합니다. 단 ガ행이 단어 중간이나 끝에서는 콧소리에 가깝게 발음합니다.

ガ행 단어로 익히기

ヨガ
ヨガ [요가]
(요 가)

ギター
ギター [기타]
(기 따 -)

サングラス
サン**グ**ラス [선글라스]
(상 구 라 스)

スパゲッティ
スパ**ゲ**ッティ [스파게티]
(스 빠 겟 티)

ゴルフ
ゴルフ [골프]
(고 루 후)

ザ행

ザ행의 발음은 우리말 「자·지·즈·제·조」와 비슷하게 들리는 듯하지만, 실제로는 우리말에 없는 발음입니다. 목의 성대를 울려서 발음합니다.

ザ행 단어로 익히기

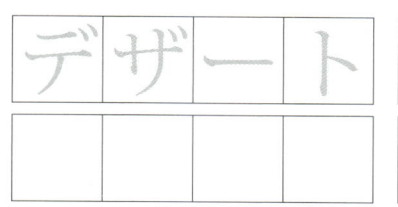

デザート [디저트]

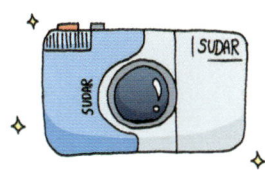
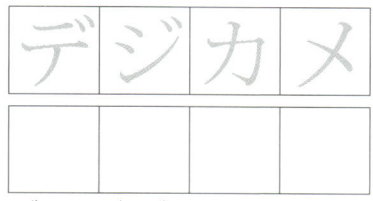

デジカメ [디카]

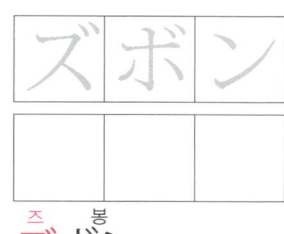

ズボン [바지]

プレゼント [선물]

オゾン [오존]

ダ행

ダ행의「ダ・デ・ド」는 입천장 앞쪽을 혀끝으로 가볍게 터치하면서 발음합니다.「ヂ・ヅ」는「ジ・ズ」와 동일하게 발음합니다.

ダ행 단어로 익히기

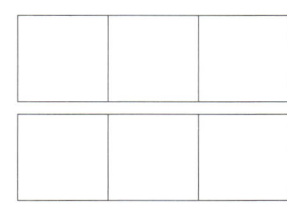

メダル [메달]
메 다 루

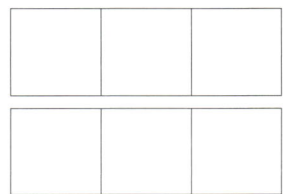

チヂミ [부침개]
치 지 미

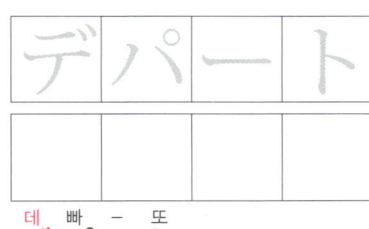
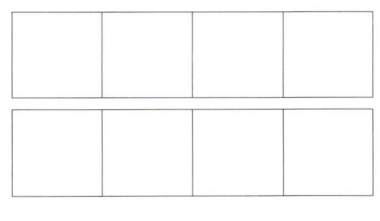

デパート [백화점]
데 빠 - 또

ハンドル [핸들]
한 도 루

가타카나 85

バ행

バ행의 발음은 우리말 「바・비・부・베・보」와 비슷합니다. 단 「ブ」는 「부」와 「브」의 중간 음에 가깝게 발음합니다.

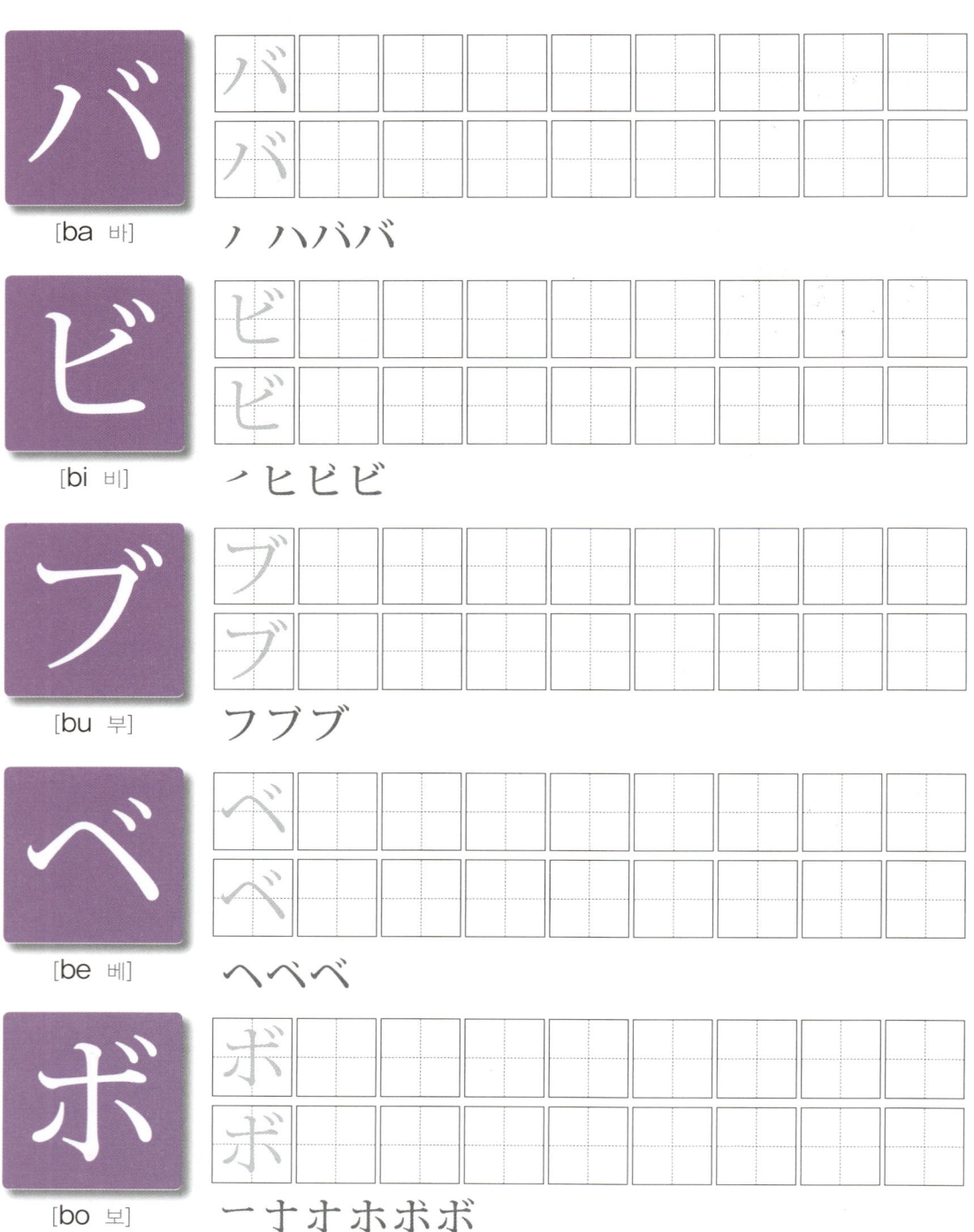

バ행 단어로 익히기

バス [버스]

テレビ [텔레비전]

テーブル [테이블]

ベッド [침대]

ボタン [단추]

パ행

우리말의 「파·피·푸·페·포」와 「빠·삐·뿌·뻬·뽀」의 중간 음에 가깝습니다. 반탁음은 パ행밖에 없습니다.

パ행 단어로 익히기

パン [빵]

ピアノ [피아노]

プール [수영장]

ペット [애완동물]

ポスト [우체통]

요음   キャ・ギャ

キャ 우리말의 「캬・큐・쿄」와 「꺄・뀨・꾜」의 중간 음으로 발음되는데, 단어의 첫머리에 올 때는 「ㅋ」에 가깝게, 단어의 중간이나 끝에 올 때는 「ㄲ」에 가깝게 발음합니다.

ギャ 우리말의 「갸・규・교」와 비슷한 음이나 목의 성대를 울려서 내는 발음입니다.

キャ [kya 캬]

キュ [kyu 큐]

キョ [kyo 쿄]

ギャ [gya 갸]

ギュ [gyu 규]

ギョ [gyo 교]

シャ・ジャ

シャ 우리말의 「샤・슈・쇼」와 거의 같은 발음입니다.
ジャ 우리말의 「쟈・쥬・죠」와 비슷한 음이나 목의 성대를 울려서 내는 발음입니다.

シャ [sha 샤]

シュ [shu 슈]

ショ [sho 쇼]

ジャ [ja 쟈]

ジュ [ju 쥬]

ジョ [jo 죠]

요음 チャ・ニャ

チャ 우리말의 「챠・츄・쵸」와 「쨔・쮸・쬬」의 중간쯤 되는 발음입니다.

ニャ 우리말의 「냐・뉴・뇨」와 거의 같은 발음입니다.

チャ [cha 챠]

チュ [chu 츄]

チョ [cho 쵸]

ニャ [nya 냐]

ニュ [nyu 뉴]

ニョ [nyo 뇨]

ヒャ・ビャ

ヒャ 우리말의 「햐・휴・효」와 거의 같은 발음입니다.

ビャ 우리말의 「뱌・뷰・뵤」와 비슷한 음이나 목의 성대를 울려서 내는 발음입니다.

ヒャ [hya 햐]

ヒュ [hyu 휴]

ヒョ [hyo 효]

ビャ [bya 뱌]

ビュ [byu 뷰]

ビョ [byo 뵤]

요음 ピャ・ミャ

ピャ 우리말의 「파·퓨·표」와 「빠·뿌·뽀」의 중간쯤 되는 발음입니다.

ミャ 우리말의 「먀·뮤·묘」와 거의 같은 발음입니다.

ピャ [pya 퍄]

ピュ [pyu 퓨]

ピョ [pyo 표]

ミャ [mya 먀]

ミュ [myu 뮤]

ミョ [myo 묘]

リャ 우리말의 「랴·류·료」와 거의 같은 발음입니다.

リャ [rya 랴]

リュ [ryu 류]

リョ [ryo 료]

■저자 **박재욱**
　국립 경상대학교 사범대학 일어교육과 졸업
　국립 경상대학교 일반대학원 일본학 전공
　한국기술교육대학교 원격훈련 일본어 심사위원
　한국 일본어 교육학회 정회원
　관광 통역 안내원
　현 고등학교 교사

■저서
　첫걸음보다 먼저 시작하는 일본어
　일본어문법 기초부터 JLPT까지
　일본어문법 이것만 알면 된다
　일본어회화 패턴으로 정복하기
　JPT 보카 한권으로 끝내기
　일본 상용한자 일촌맺기

일본어 가나 쓰기 노트

발행인　박해성
발행처　정진출판사
지은이　박재욱
편집　김양섭, 조윤수
기획마케팅　이훈, 박상훈, 이민희
디자인　허다경
그림　배유경
출판등록　1989년 12월 20일　제 6-95호
주소　02752 서울시 성북구 화랑로 119-8
전화　02-917-9900
팩스　02-917-9907
홈페이지　www.jeongjinpub.co.kr
ISBN　978-89-5700-153-0　*13730

- 본 책은 저작권법에 따라 한국 내에서 보호받는 저작물이므로 무단전재와 복제를 금합니다.
- 이 도서의 국립중앙도서관 출판시도서목록(CIP)은 서지정보유통지원시스템 홈페이지(http://seoji.nl.go.kr)와 국가자료공동목록시스템(http://www.nl.go.kr/kolisnet)에서 이용하실 수 있습니다.(CIP제어번호 : CIP2018003720)
- 파본은 교환해 드립니다. 책값은 뒤표지에 있습니다.